LE LIVRE COMPLET DE RECETTES CAFÉ

Les meilleures recettes de café pour toutes les occasions

CLAUDE TASSE

Table des matières

INTRODUCTION

Le café est l'une des boissons les plus consommées le matin, après les repas principaux, ou l'après-midi pour accompagner un en-cas ou simplement pour éviter le sommeil et la paresse.

La boisson a un effet thermogénique et aide à perdre du poids, à combattre les maux de tête, à stimuler le système nerveux, à augmenter la capacité d'apprentissage et même à prévenir des maladies comme le diabète et la maladie d'Alzheimer.

De plus, les amateurs de la boisson seront ravis d'apprendre que toutes les variétés de haricots peuvent être utilisées dans des plats sucrés et salés et dans un large éventail de recettes. Dans cet esprit, j'ai compilé une liste des meilleures recettes de café à essayer tout de suite !

RECETTES DE CAFÉ

1. Café bédouin

Ingrédients

- 750 ml d'eau
- 2 cuillères à café de cardamome fraîchement moulue
- 1 cuillère à café de cannelle en poudre
- 1/2 cuillère à café de gingembre fraîchement râpé
- 8 cuillères à café de moka fraîchement moulu
- 2 cuillères à café de sucre

préparation

1. Pour le café à la bédouine, mettez les épices et le gingembre dans une casserole. (La cafetière typique avec une poignée est la meilleure pour cela.)

2. Maintenant, ajoutez de l'eau et portez à ébullition. Réduire le feu au minimum et couvrir l'eau (pour que pas trop d'eau ne s'évapore) laisser mijoter pendant 10 minutes.

3. Ajouter le moka et le sucre, remuer une fois et laisser mijoter le café, à couvert, pendant 5 minutes. Verser dans des petits bols et servir.

2. Tarte au lait sucré et au café

Ingrédients (pâte)

- 200 grammes de biscuit à la fécule de maïs concassé
- 100 grammes de beurre
- $\frac{1}{2}$ tasse de café Pimpinela Golden filtré chaud
- 1 cuillère à café de levure chimique

Préparation

1. Préchauffer le four à 180°.
2. Faire fondre le beurre dans le café et l'incorporer progressivement au biscuit concassé déjà mélangé à la levure. Tapisser

une forme d'arceau amovible (20 cm de diamètre) sur une hauteur de 1/2 cm. Cuire au four pendant 30 minutes.

3. Retirez et attendez qu'il refroidisse.

3. Gâteau au chocolat et au café

Ingrédients

Gâteau:

- 1 3/4 tasses de sucre raffiné
- 2 ½ tasses de farine
- ½ tasse de cacao en poudre 50%
- 1½ cuillères à café de bicarbonate de soude
- 1½ cuillères à café de levure chimique
- 1 cuillère à café de sel
- 2 gros œufs, température ambiante
- 1 tasse de lait
- 1 cuillère à café de vinaigre
- 2 cuillères à café de vanille
- 240 ml de café infusé chaud Santa Clara
- 1 tasse d'huile végétale

Toit:

- 125g de beurre à température ambiante
- 1 tasse de cacao en poudre 50%
- 2 ½ tasses de sucre glace
- 2 cuillères à soupe de café infusé
- ½ cuillère à café de vanille

Préparation:

Gâteau:

1. Chauffer le four à 200 degrés.
2. Beurrer et saupoudrer de cacao en poudre (ou de farine) un moule de 33 x 23 cm.
3. Dans un grand bol, mélanger le sucre, la farine, le cacao, le bicarbonate de soude, la poudre à pâte et le sel, en mélangeant bien. Ajouter les œufs, le lait, le vinaigre, la vanille, le café et l'huile. Mélangez le tout au fuet, ou au mixeur plongeant pendant 2 minutes. Placer dans le moule préparé et cuire au four pendant 30 à 40 minutes, ou jusqu'à ce qu'un cure-dent inséré au milieu en ressorte propre. Laisser refroidir 10 minutes avant de placer la garniture.

Toit:

1. Dans une casserole moyenne, faire fondre le beurre à feu doux. Éteindre le feu et ajouter le cacao. Allumez le feu à température moyenne et faites cuire jusqu'à ce qu'il commence à bouillir. Éteindre le feu et ajouter le sucre, le café et la vanille. Bien mélanger avec un fuet. Laissez refroidir le glaçage pendant 10 minutes jusqu'à ce qu'il épaississe un peu. Étaler immédiatement sur le dessus du gâteau à l'intérieur du moule. Ne laissez pas le glaçage devenir trop froid ou il sera difficile à étaler sur le gâteau.

4. Cardamome d'hiver et latte à la cannelle

Ingrédients

- 1 boîte(s) de lait de coco (ou crème fouettée végétalienne)
- 6 gousses de cardamome
- 2 bâton(s) de cannelle
- 160 ml de café
- 100 ml de lait d'amande (ou lait d'avoine)
- Cannelle (moulue, pour saupoudrer)

préparation

2. Pour le latte d'hiver à la cardamome et à la cannelle, mettez d'abord le lait de coco au réfrigérateur pendant la nuit.

3. Le lendemain, sortez le lait de coco du réfrigérateur, retirez la crème de coco durcie de la boîte et soigneusement, sans la mélanger avec le liquide, versez-la dans un bol réfrigéré. Mélanger avec un batteur à main jusqu'à consistance crémeuse.
4. Mettez les gousses de cardamome et les bâtons de cannelle dans une grande tasse et versez dessus le café fraîchement moulu.
5. Chauffer le lait sur la cuisinière à faible niveau.
6. Tamisez les capsules de cardamome et la cannelle, répartissez le café entre deux tasses puis mélangez avec le lait chaud.
7. Versez 2 à 3 cuillères à soupe de crème de noix de coco dans chacune des tasses et saupoudrez le latte hiver cardamome-cannelle de cannelle.

5. Gâteau au chocolat et aux bananes

Ingrédients

- 2 bananes (très mûres)
- 250 ml de lait écrémé
- 300 g de farine de blé entier
- 1 cuillère à café de levure chimique
- 1 boîte de sel
- 50g de chocolat noir
- 150 grammes de sucre

préparation

1. Préchauffer le four à 160°C.

2. Pour le gâteau chocolat banane, séparer les œufs et réduire en purée les bananes avec le lait et les jaunes d'œufs. Tamisez la farine avec la levure et le sel.

3. Râper et incorporer le chocolat noir, puis incorporer la purée de banane.

4. Battre les blancs d'œufs en neige et incorporer le sucre. Laisser glisser le blanc d'œuf sur la pâte à la banane et l'incorporer délicatement.

5. Tapisser le moule à cake de papier cuisson et ajouter le mélange.

6. Cuire le gâteau banane chocolat dans un four préchauffé à 160°C pendant une bonne heure.

6. Café latte

Ingrédients

- 150 ml de lait entier (3,5%)
- 1 expresso

préparation

1. Pour le Caffè Latte, faites chauffer le lait dans un mousseur à lait électrique et faites mousser. Verser dans un grand verre. Soit laissez couler l'espresso directement dans le verre, soit, si le verre ne rentre pas sous la machine, versez-le dans le verre à l'aide du

dos d'une cuillère. Cela crée les 3 couches typiques!

2. Servir le caffè latte avec un morceau de chocolat noir ou un biscuit (cantucci).

7. Café au lait fait maison

Ingrédient

- Café - 9 grains
- Eau - 30 ml
- Lait gras (3,5%, fait maison) - 150 ml
- Sucre au goût

préparation

1. Moudre les grains de café dans un moulin à café.
2. Versez du café fraîchement moulu dans un Turc, versez de l'eau froide.

3. Mettre la dinde à feu doux, cuire jusqu'à ce que la mousse commence à monter.
4. Dès que la mousse commence à monter, retirez le café du feu.
5. Faites chauffer le lait, mais ne le faites pas bouillir ! Le lait doit être réchauffé (environ 80 degrés).
6. Fouettez le lait jusqu'à l'obtention d'une mousse aérée.
7. Versez la moitié du lait dans un verre à latte.
8. Passer le café au tamis dans un verre. Versez l'espresso dans le verre en un mince filet le long du côté du verre.
9. Mettez la mousse de lait préparée sur le dessus. Mettez une paille dans un verre avec une boisson. Le café au lait fait maison est prêt.

8. Café irlandais

Ingrédients

- 100 ml de whisky irlandais
- 4 tasses de café chaud
- 3 cuillères à soupe de sucre roux
- 100g de chantilly
- sucre brut pour la garniture

préparation

1. Bien chauffer le café, le whisky et le sucre en remuant et dissoudre le sucre, puis verser dans des tasses en verre préchauffées.

2. Fouettez légèrement la crème et servez en hotte sur le café, saupoudré d'un peu de cassonade.

9. Banane au café au chocolat

Ingrédients

- 2 cuillères à soupe de jus de citron
- 1 cuillère à soupe de sucre
- 1 pincée de pulpe de vanille
- 1 banane
- 2 cuillères à soupe de sirop de chocolat
- 400 ml de café chaud fraîchement moulu
- 150 ml de lait

- poudre de cacao pour saupoudrer

Étapes de préparation

1. Portez à ébullition le jus de citron avec le sucre, la vanille et 100 ml d'eau dans une casserole. Peler et couper la banane en dés. Verser dans la casserole, laisser mijoter 1 à 2 minutes et retirer du feu. Laisser refroidir légèrement, puis verser dans 4 verres.
2. Mélanger le sirop avec le café et verser délicatement sur les bananes à l'exception de 2 cuillères à soupe. Faire chauffer le reste du café avec le lait et mélanger jusqu'à consistance mousseuse. Verser sur le café et servir saupoudré d'un peu de cacao.

10. Café au caramel

Ingrédients

- 2 dattes (Medjool; sans pierre)
- 1 pincée de vanille en poudre
- 150 ml de lait (3,5% de matière grasse)
- 400 ml de café fraîchement moulu

Étapes de préparation

1. Mixez finement les dattes avec 2 cuillères à soupe d'eau et de vanille. (En raison de la petite quantité, cela fonctionne mieux avec un mélangeur à main dans un verre qui a un

diamètre légèrement plus grand que le haut du mélangeur à main.)

2. Mettez la moitié de la purée de dattes à travers un petit tamis dans le verre et versez du café fraîchement moulu dans le verre. Faites de même avec le reste de la purée de dattes.

3. Faites chauffer le lait dans un petit pot à lait et fouettez avec un mousseur à lait jusqu'à ce qu'il soit mousseux. Étaler sur le caramel au café et servir aussitôt.

11. Café au lait

Ingrédients

- 250 ml de café
- 250 ml de lait (1,5% de matière grasse)

Étapes de préparation

1. Faire bouillir le café, chauffer le lait et faire mousser avec la mini plume. Répartissez le café dans 4 tasses, versez le lait et mettez la mousse à l'aide d'une cuillère.

12. Café à la cardamome

Ingrédients

- 200 ml de lait entier
- 1 gousse de cardamome
- 1 poudre de cacao
- 400 ml de café fraîchement moulu
- Sucre au goût

Étapes de préparation

2. Faire chauffer le lait avec la capsule de cardamome pressée et le cacao et laisser infuser environ 10 minutes. Passer au tamis

et répartir la moitié du café entre les tasses. Mélanger le reste avec un mousseur à lait et verser sur le café.

3. Servir et sucrer au goût.

13. Espresso froid

Ingrédients

- 40 ml d'expresso
- 4ème glaçons
- 60 ml de lait concentré (7,5% de matière grasse)

Étapes de préparation

1. Préparez l'espresso selon les instructions sur le paquet. Mettez-le immédiatement au froid pendant environ 30 minutes.
2. Mettez des glaçons dans un verre et versez l'espresso froid dessus.
3. Versez lentement le lait concentré dans le verre à l'aide d'une cuillère et servez aussitôt.

14. Shake glacé au moka et à la menthe

Ingrédients

- 600 ml d'espresso fort
- 150 g) sucre
- chocolat à la menthe pour la garniture

- sirop de chocolat à la menthe au goût

Étapes de préparation

1. Dissoudre le sucre dans l'espresso chaud. Laissez le café refroidir, puis placez-le au congélateur et remuez vigoureusement pendant 2-3 heures environ. Toutes les 20 minutes. Si le liquide se compose presque entièrement de cristaux de glace, alors réduire en purée une fois avec le mélangeur à main ou dans un mélangeur.

2. Assaisonner au goût avec du sirop de chocolat à la menthe. Remplissez le granité dans 4 coupes en verre et servez garni de chocolat à la menthe

15. Café au rhum à la crème

Ingrédients

- 25 g de café moulu grossièrement (4 cuillères à café)
- 150 ml de crème fouettée
- 4 morceaux de sucre en morceaux pour plus de goût
- 160 ml de rhum brun
- copeaux de chocolat à saupoudrer

Étapes de préparation

1. Portez 600 ml d'eau à ébullition, versez le café en poudre dans un pichet préchauffé et remplissez d'eau. Laissez infuser 5 minutes.
2. Fouettez la crème jusqu'à ce qu'elle soit mousseuse. Rincez les verres à chaud, ajoutez 1 à 2 cubes de sucre avec 4 cl de rhum, versez le café au travers d'une passoire très fine et mettez un peu de crème sur chaque dessus. Servir parsemé de copeaux de chocolat.

16. Recette de café aux bonbons

Ingrédients de la recette du café sucré:

- 20g de sirop de chocolat
- 20g de lait concentré
- 150 ml de café Santa Clara fraîchement moulu

Mélangez le tout et dégustez !

17. Crème de café bavaroise

Ingrédients pour la crème de café bavaroise

- 1 cuillère à soupe de café instantané
- 1 tasse de glace pilée
- 1 cuillère à soupe de cacao en poudre (ou Chocolatto)
- $\frac{1}{2}$ tasse de lait
- 25 ml de gélatine non aromatisée dissoute dans 1 cuillère à soupe d'eau tiède
- 4 jaunes
- 1 cuillère à soupe de sucre
- 1 tasse de thé à la crème

Comment faire la recette de crème au café bavaroise

1. Dans un mixeur, mettre le café, la gélatine, le lait et battre jusqu'à ce que tout se dissolve.
2. Ajouter le cacao/Chocolatto, le sucre, battre à nouveau.
3. Enfin, ajoutez la crème, les jaunes d'œufs et la glace pilée. Appuyez à nouveau. Placer dans des verres et réfrigérer pendant 2 heures. Servir avec des baies.

18. Café glacé avec crème glacée

Ingrédients

- 1 sucette glacée à la noix de coco brûlée
- 200 ml de café glacé au lait 3 coeurs.

Mode de préparation

1. Mélanger le café dans un mélangeur avec le popsicle de noix de coco brûlé.
2. Versez dans un verre de milkshake et servez aussitôt.

19. café glacé à la noix de coco et caramel

Ingrédients

- 1 cuillère à café de mouron soluble
- 50 ml d'eau chaude
- 100 ml de lait de coco
- 50 ml de lait
- 50 ml d'eau de coco
- 1 cuillère à café de sucre (peut être du sucre de coco)
- Sirop de caramel
- crème fouettée

Préparation

1. Préparez du café instantané avec 50 ml d'eau chaude. Attendez qu'il refroidisse. Mettez-le dans un bac à glaçons avec l'eau de coco et laissez-le refroidir.
2. Lorsqu'il est sous forme de glaçons, passez au mixeur avec le lait, le lait de coco et le sucre. Placer dans un verre et couvrir de chantilly et de sauce caramel.

20. Shot de cappuccino à la vanille et au sel

Ingrédients

- 1 boule de glace vanille de bonne qualité (très grosse)
- 2 cuillères à soupe de Cappuccino Classic 3 Coeurs
- 1 cuillère à café de sel rose de l'Himalaya (réserver ½ cuillère à soupe pour saupoudrer sur le dessus)

Préparation

1. Mixez la glace, le cappuccino et une demi-boule de sel dans un mixeur.

2. Placer dans des coupes et congeler pendant 2 heures. Au moment de servir, saupoudrer le reste du sel sur le dessus.

RECETTES DE GÂTEAU

21. Brownie au café à la noix de coco

Ingrédients:

- 1 boîte de préparation pour brownies
- 3 oeufs
- 1/3 tasse d'huile végétale
- 60 ml de café infusé
- 200 g de noix de coco râpée
- 1 tasse d'amandes grillées
- cuillère à café d'extrait d'amande
- 1 boîte de lait concentré
- Couverture chocolat

Préparation:

1. Préchauffer le four à 180 C. Dans un bol, placer le mélange prêt à l'emploi pour les brownies, les œufs, le café et l'huile végétale et mélanger jusqu'à ce que le tout soit bien mélangé. Placer le mélange dans un moule graissé et cuire au four pendant 20 minutes ou jusqu'à ce qu'un cure-dent inséré au centre en ressorte presque propre.
2. Pendant que les brownies cuisent au four, mélanger la noix de coco, les amandes, l'extrait et le lait concentré jusqu'à ce qu'ils soient bien incorporés. Une fois que les brownies sont parfaits, sortez-les du four et étalez délicatement le mélange de noix de coco sur le dessus. Remettez la forme au four pendant encore 15 minutes.
3. Laisser refroidir 1 heure et décorer d'un glaçage au chocolat.

22. Gâteau aux fruits confits

Ingrédients:

- 1 1/3 tasse (thé) de fruits secs confits trempés dans 1 tasse de cachaça
- 2/3 tasse de cassonade
- 7 cuillères à soupe de beurre en bouteille
- 1 tasse de lait
- 1 oeuf battu
- 2 $\frac{1}{4}$ tasse de farine de blé
- 1 cuillère de levure chimique
- 1 cuillère à café de gingembre râpé

- 1 cuillère à café et cannelle moulue

Préparation

1. Mettre les fruits secs, le beurre, le sucre et le lait dans une casserole. Faites chauffer à feu doux jusqu'à ce que le beurre et le sucre fondent. Réserve. Dans un bol, mélanger la farine, la levure et les épices. Percez un trou au milieu et ajoutez le mélange de fruits secs. Placer l'œuf battu. Bien mélanger le tout avec une spatule en silicone.
2. Placer dans un moule à cake anglais beurré et cuire au four préchauffé à 180 degrés pendant environ 50 minutes.

23. Cupcake au café de Noël

Ingrédients

- 1 tasse de farine de blé
- 1/2 tasse de sucre
- 1 tasse de cacao en poudre
- 1 cuillère à café de levure chimique
- 1/2 cuillère à café de bicarbonate de soude
- 1 cuillère à café de café instantané Pimpinela
- 2 cuillères à café de cannelle en poudre
- 1/4 cuillère à café de clou de girofle en poudre
- 1/2 cuillère à café de gingembre en poudre
- 1/2 cuillère à café de sel

- 1/2 tasse de lait
- 1/4 tasse d'huile végétale
- 1 gros oeuf
- 1/2 cuillère à café d'essence de vanille
- 1 tasse d'eau très chaude.

Préparation

1. Préchauffer le feu à 180 degrés. Placez les moules à cupcakes dans le moule.
2. Dans un bol, mettre la farine, le sucre, le cacao, le bicarbonate de soude, la levure chimique, les clous de girofle, la cannelle, le gingembre et le café. Mélangez bien et mettez de côté. Dans un mixeur, mettre l'huile, l'oeuf, le lait et la vanille. Ajouter les ingrédients secs réservés et battre à vitesse moyenne jusqu'à ce que le tout soit bien mélangé. Ajouter de l'eau chaude et battre à vitesse rapide pendant encore 1 minute pour aérer. Répartir la pâte uniformément dans les moules et cuire au four pendant 20 minutes, ou jusqu'à ce que vous mettiez un cure-dent et qu'elle ressorte sèche.

24. Gâteau de manioc au café et à la noix de

coco

Ingrédients

- 3 tasses de manioc cru (manioc) dans un robot culinaire
- 3 tasses de thé au sucre
- 3 cuillères à soupe de beurre
- $\frac{1}{4}$ tasse de café Santa Clara égoutté
- $\frac{1}{4}$ tasse de lait
- 3 blancs d'oeufs
- 3 gemmes
- $\frac{1}{2}$ tasse de parmesan râpé
- 100 grammes de noix de coco râpée
- 1 cuillère à soupe de levure chimique
- 1 pincée de sel

Préparation

1. Mettez le manioc dans le robot, placez-le dans un torchon, essorez-le bien et jetez le lait. Étaler la pâte dans un moule et réserver. Au batteur électrique, battre le sucre et le beurre. Lorsqu'il est blanchâtre, ajoutez les jaunes, le fromage râpé, le café et le lait. Battre jusqu'à ce que tous les ingrédients soient bien incorporés. Ajouter la masse de manioc et la noix de coco. Mélanger avec une spatule. Enfin, la levure et les blancs en neige, en mélangeant à la spatule. Cuire dans un moule graissé de votre choix dans un four préchauffé à 180 degrés pendant environ 40 minutes ou jusqu'à ce que la surface soit dorée.

25. Banane au café au chocolat

Ingrédients

- 2 cuillères à soupe de jus de citron
- 1 cuillère à soupe de sucre
- 1 pincée de pulpe de vanille
- 1 banane
- 2 cuillères à soupe de sirop de chocolat
- 400 ml de café chaud fraîchement moulu
- 150 ml de lait
- poudre de cacao pour saupoudrer

Étapes de préparation

1. Portez à ébullition le jus de citron avec le sucre, la vanille et 100 ml d'eau dans une casserole. Peler et couper la banane en dés. Verser dans la casserole, laisser mijoter 1 à 2 minutes et retirer du feu. Laisser refroidir légèrement, puis verser dans 4 verres.

2. Mélanger le sirop avec le café et verser délicatement sur les bananes à l'exception de 2 cuillères à soupe. Faire chauffer le reste du café avec le lait et mélanger jusqu'à consistance mousseuse. Verser sur le café et servir saupoudré d'un peu de cacao.

26. Recette de brownie au café

Ingrédients

- $\frac{3}{4}$ tasse de chocolat en poudre
- 1 $\frac{1}{2}$ tasse de sucre
- 1 cuillère à café de sel
- 1 $\frac{1}{2}$ tasse de farine
- $\frac{1}{4}$ tasse de café Pimpernel filtré
- 1 cuillère à café de café instantané Pimpinella
- 1 tasse de pépites de chocolat
- 4 œufs battus
- 1 cuillère à soupe de vanille
- $\frac{1}{2}$ tasse d'huile végétale
- noix hachées
- fraise en verre hachée

préparation

1. Préchauffer le four à 160 degrés
2. Dans un grand bol, bien mélanger tous les ingrédients secs.
3. Ajouter les ingrédients liquides et les œufs battus et les pépites de chocolat.
4. Graisser un grand moule à cake (20x20cm) avec du papier sulfurisé.
5. Cuire à 160 degrés pendant 30 minutes ou jusqu'à ce que le moyen soit pris
6. Refroidir avant de servir.

27. Gâteau aux figues caramélisées au café

Ingrédients

- 60 g de sucre de canne complet
- 3 cuillères à soupe de sucre semoule (pour saupoudrer les figues)
- 10 figues bio (fraîches)
- 4 œufs de poules élevées en liberté (jaunes et blancs séparés)
- 2 cuillères à soupe de café instantané
- 90 g de farine de blé entier
- 1 cuillère à café de bicarbonate de soude

préparation

1. Pour le gâteau aux figues caramélisées au café, lavez les figues, coupez-les en deux

dans le sens de la longueur, saupoudrez de sucre semoule et disposez les fruits côté plat au fond du moule.

2. Dans un bol, battre les jaunes d'œufs avec le sucre de canne entier jusqu'à consistance mousseuse. Mélanger la farine séparément avec le café et le bicarbonate de soude et mélanger progressivement le tout avec le mélange d'œufs.

3. Enfin, battre les blancs d'œufs en neige et mélanger avec la pâte. Incorporez quelques cuillères à soupe de neige pour ramollir le mélange, puis utilisez une spatule en caoutchouc pour plier le reste de neige dans la pâte en utilisant des mouvements circulaires.

4. Versez le mélange sur les figues dans le moule et enfournez pour 25 à 30 minutes. Le gâteau est prêt lorsqu'il ne reste plus de pâte collée à un cure-dent qui y a été inséré lors de son retrait.

5. Sortez le gâteau aux figues caramélisé au café fini du four et retournez-le aussitôt (sinon le caramel collera à la poêle !). Un dessert juteux.

28. Muffins Moka

Ingrédients

- 3 oeufs
- 180 ml d'huile végétale
- 120 ml de café fort (refroidi)
- 1 cuillère à café de pulpe de vanille
- 240 ml de babeurre
- 210g de farine
- 170 g de farine de blé entier
- 25g de cacao en poudre
- 210 g de cassonade
- 1/2 cuillère à café de levure chimique
- 1 cuillère à café de bicarbonate de soude

- 1/2 cuillère à café de sel
- 100 g de noix de cajou ou de noix de pécan (hachées)
- 170g de pépites de chocolat

préparation

1. Pour les muffins moka, préchauffer le four à 190 degrés et placer les moules en papier dans le moule à muffins.
2. Mélanger les œufs, le babeurre, l'huile, le café et la pulpe de vanille dans un bol.
3. Dans un deuxième bol, mélanger la farine, le cacao, le sucre, la poudre à pâte, le bicarbonate de soude et le sel. Ajoutez ensuite les noix et les pépites de chocolat.
4. À l'aide d'une spatule, incorporer délicatement les ingrédients humides dans le mélange de farine.
5. Versez la pâte dans des moules en papier et enfournez les muffins moka pendant environ 20-25 minutes. Laisser refroidir les muffins avant de manger.

29. Gâteau au café simple

Ingrédients

- 150 g de beurre (fondu)
- 200 g de sucre
- 1 oeuf
- 250 ml de café (noir)
- 400 g de farine (lisse)
- 1 sachet de levure chimique
- 1 sachet de sucre vanillé
- un peu de zeste de citron (au goût)

préparation

1. Dans un grand bol, mélanger le beurre chaud, le sucre et l'œuf jusqu'à consistance mousseuse. Incorporer ensuite la farine mélangée à la levure chimique, le sucre vanillé, le zeste de citron et le café.
2. Versez la pâte dans un moule beurré ou recouvert de papier sulfurisé (boîte, bundt cake ou moule à cake, ou plaque à pâtisserie, selon vos envies).
3. Cuire à env. 175°C (four à chaleur tournante) pendant au moins 45 minutes, puis vérifier et cuire encore 10 minutes si nécessaire.

30. Cupcake tiramisu

Ingrédients

- 1 tasse(s) de liqueur (ou café/lait sucré, pour le trempage)

Pour les tartelettes :

- 200 g de farine
- 1 cuillère à café de levure chimique
- 1/2 cuillère à café de sel
- 2 oeufs
- 60 ml de café (noir)
- 1 bouteille(s) d'arôme rhum (env. 2 ml)
- 100 g de sucre

Pour la crème mascarpone :

- 2 œufs (séparés)
- 5 cuillères à soupe de sucre

- 1 sachet de sucre vanillé
- 300g de mascarpone

préparation

1. Pour les tartelettes, préchauffer le four à 180°C et remplir un moule à muffins de caissettes en papier.
2. Séparez les œufs et mélangez bien les jaunes d'œufs avec le café, l'arôme rhum et 50 g de sucre. Battre les blancs d'œufs en neige ferme et mélanger avec le reste du sucre.
3. Bien mélanger la farine, la levure et le sel dans un bol. Incorporer lentement ce mélange de farine, de sel et de levure chimique au mélange de jaune d'œuf et de café. Incorporer les blancs d'œufs.
4. Versez la pâte dans les moules et enfournez pour environ 20-25 minutes.
5. Pour la crème, mélanger les jaunes d'œufs avec le sucre et battre jusqu'à consistance mousseuse. Battre les blancs d'œufs en neige. Incorporer le mascarpone au mélange d'œufs et incorporer les blancs d'œufs. Mettez-le au réfrigérateur pendant environ 1 heure!

6. Sortez les cupcakes du four, trempez-les dans la liqueur (ou le café sucré) et laissez-les refroidir sur une grille.

7. Sortez la crème du réfrigérateur et décorez-en les cupcakes refroidis.

31. Dumpling aux arachides

Ingrédients pour le biscuit :

- 2 tasses de farine de blé tamisée
- 1 cuillère à soupe de levure chimique
- $\frac{1}{2}$ tasse de cacahuètes grillées non salées
- $\frac{1}{2}$ tasse de sucre
- 5 cuillères à soupe de beurre

- 1 oeuf battu
- $\frac{1}{2}$ tasse de café extra fort 3 coeurs
- $\frac{1}{4}$ tasse de lait

Pour la couverture :

- $\frac{1}{4}$ tasse de farine de blé tamisée
- 1 cuillère à soupe de beurre
- $\frac{1}{4}$ tasse de cacahuètes grillées non salées
- 1 cuillère à café de café soluble 3 coeurs
- 1 $\frac{1}{2}$ cuillère à soupe de cassonade

Préparation

1. Dans un bol, mélanger la farine, la levure, les cacahuètes et le sucre. Ajouter le beurre et, à l'aide d'une fourchette, faire incorporer les ingrédients secs.

2. Dans un autre récipient, battre l'œuf et ajouter le lait et le café. Ajouter délicatement ce mélange aux ingrédients secs. Répartir la pâte dans des moules et préparer la garniture. Mélanger la farine et le beurre jusqu'à l'obtention d'une consistance granuleuse. Ajouter les cacahuètes, le café et le sucre, et mélanger délicatement avec une spatule. Saupoudrer cette garniture sur les boulettes. Cuire dans

un four préchauffé à 200 degrés pendant 20 à 25 minutes.

32. Muffins au café irlandais

Ingrédients

- 1 cuillère à café de café
- 400 g de babeurre
- 130 g de farine (lisse)
- 130 g de farine (pratique)
- 1 sachet de levure chimique
- 1 pincée de bicarbonate de soude
- 80 g de noix (hachées)
- 130 g de sucre (brun)

- 1 oeuf
- 70 ml d'huile végétale
- 40 ml de whisky
- 12 caissettes en papier

préparation

1. Dissoudre le café dans le babeurre.
2. Dans un deuxième bol, mélanger la farine, la poudre à pâte, le bicarbonate de soude et les noix hachées.
3. Ajoutez ensuite l'œuf battu, le sucre, l'huile et le whisky au mélange de babeurre.
4. Ajoutez ensuite le mélange de farine.
5. Placez les moules en papier dans le moule à muffins et remplissez de pâte (vous pouvez également placer une moitié de noix sur la pâte).
6. Placer les muffins dans le four préchauffé (160°C, four ventilé) pendant environ 20 minutes.

33. Gâteau aux bananes avec café

Ingrédients

- 4 grosses bananes naines bien mûres
- 1 tasse (thé) de chapelure
- 1 tasse (thé) de sucre
- 4 œufs
- 3/4 tasse d'huile de tournesol ou de maïs
- 100 g de noix du Brésil hachées
- 1 cuillère à soupe de 3 Cafés Gourmands
- 1 cuillère (dessert) de levure chimique

Préparation

1. Dans un mélangeur, battre les bananes avec les œufs et l'huile. Ajouter la farine, le sucre et le café en battant constamment.

2. Ajouter la châtaigne et la levure en mélangeant délicatement. Cuire dans un moule beurré au four à 180°C pendant environ 40 minutes.

34. Gâteau à la crème glacée avec Supreme Coffee Espresso Tres

Ingrédients

- 1 tasse (café) de café fort infusé
- Tranches de colomba ($\frac{1}{2}$ colomba)
- la crème glacée suffit
- 1 capsule de café expresso TRES Supreme (ou votre préféré)
- 150 grammes de chocolat mi-sucré à faire fondre
- 2 cuillères à soupe de crème sure

Méthode de préparation

1. Tapisser un moule à cake d'une pellicule plastique. Mettez une couche de glace.
2. Ajouter les tranches de Colomba. Arroser avec le café égoutté. Ajouter la glace, puis la Colomba, en arrosant successivement avec le café jusqu'au fond de la casserole. Placer au congélateur pendant 1 heure.
3. Réalisez la ganache en ajoutant le chocolat fondu, l'espresso et la crème. Recouvrir le gâteau de ganache avant de servir.

35. Gâteau éponge

Ingrédients

- 1/2 l de lait
- 15 g de poudre de pudding à la vanille
- 1 jaune d'oeuf
- 5 jours de sucre
- Rama 12 jours
- 12 jours Koketta
- 2 paquets Doigts de femme
- Café (froid mélangé avec un trait de rhum)

préparation

1. Pour la génoise, porter à ébullition le lait, la poudre de pudding à la vanille, le jaune d'œuf et le sucre en remuant constamment.

2. Mettez le Rama et le Koketta dans le verre à mélange et ajoutez immédiatement le mélange bouilli et encore chaud dans le verre à mélange. Mélanger au plus haut niveau pendant 2 minutes. Maintenant, laissez reposer le mélange au réfrigérateur pendant 12 heures.

3. Battre la crème au batteur à main.

4. Tremper les génoises dans un mélange café-rhum et les superposer en alternance avec la chantilly dans le moule à cake.

5. Décorez la génoise de chantilly et de fraises selon vos envies.

36. Muffin au café instantané

Ingrédients

- 4 jaunes
- 4 blancs d'oeufs
- 3 ½ cuillères à soupe de sucre
- 2 ½ cuillères à soupe de fécule de maïs
- 1 boule (dessert) de Soluble Coffee 3 Coeurs Traditionnel
- 4 cuillères à soupe de noix de coco râpée
- 4 cuillères à soupe de chocolat granulé

Méthode de préparation

1. Battre les jaunes d'œufs avec le sucre jusqu'à ce qu'ils blanchissent.

2. Ajouter graduellement la fécule de maïs, le café instantané, le chocolat et la noix de coco.

3. Sortir du batteur électrique et déposer délicatement les blancs d'œufs.

4. Cuire dans des ramequins individuels beurrés pendant 30 minutes à 180°C. Après la torréfaction, saupoudrer de sucre sucré.

37. Gâteau au café au lait

Ingrédients

- 1 capsule de Café TRES au Lait
- 3 oeufs
- 4 bananes bien mûres
- 2 tasses de flocons d'avoine
- 1 verre d'abricot haché
- 1/2 tasse de noix hachées
- 1/2 tasse de raisins secs
- 1/2 tasse de prune noire hachée
- 1 cuillère à soupe de levure

Ingrédient

1. Dans un bol, mélanger les flocons d'avoine, les noix, les abricots, les raisins secs et les prunes.

2. Battre les œufs avec les bananes dans un mélangeur. Ajouter le café au lait.

3. Mettre la levure avec les ingrédients secs dans le bol et bien mélanger.

4. Ajoutez les bananes battues avec les œufs, mélangez bien et placez le tout dans un moule à cake anglais graissé à cuire dans un four préchauffé (180°C) jusqu'à ce qu'il soit doré. Si vous le souhaitez, saupoudrez de sucre glace ou de cannelle.

38. Gâteau aux courgettes avec café expresso

Ingrédients

- 320 g de sucre
- 300 g de farine de blé
- 100 g de farine d'amande
- $\frac{1}{2}$ cuillère à café de bicarbonate de soude
- 1 $\frac{1}{2}$ cuillère à soupe de levure en poudre
- 500 g de courgettes râpées
- 3 oeufs
- $\frac{1}{2}$ cuillère à soupe d'extrait de vanille
- 2 cuillères à café de cannelle en poudre
- $\frac{1}{2}$ cuillère à café de muscade
- 1 cuillère à café de gingembre râpé

- ½ cuillère à café de sel
- 200 ml d'huile de canola ou de maïs
- 50 ml d'Espresso Ameno TRES
- 150 g de sucre glace
- 150 g de sucre ordinaire

Préparation

1. Dans un mixeur, ajouter l'huile, le sucre, les œufs et la vanille. Battre à haute vitesse jusqu'à ce que le mélange soit blanchâtre (environ 10 minutes).
2. Pendant ce temps, dans un bol, mélanger la farine, la cannelle, la muscade, le gingembre, le sel et le bicarbonate de soude. Bien mélanger. Ajouter le contenu au mélangeur. Battre pendant 15 minutes, ou jusqu'à consistance lisse.
3. En dehors du mixeur, ajouter les courgettes et la levure en mélangeant bien mais doucement. Placez le tout sur un plat à fond amovible graissé avec du beurre et de la farine. Mettre au four à 190°C pendant environ 50 minutes.
4. Mélangez les deux sucres dans un bol et placez le café expresso doux déjà froid.

Bien mélanger jusqu'à ce qu'il forme un glaçage.

5. Placer sur le gâteau fini pendant qu'il est encore chaud. Servir avec une cuillerée de crème fouettée.

39. Brownie au beurre de cacahuète et au café

Ingrédients

- 250 g de chocolat noir fondu
- 1 cuillère à soupe de café instantané Santa Clara
- 1 cuillère à soupe de beurre en pommade
- 3 oeufs

- 1 tasse de sucre
- ¾ tasse de farine de blé bien tamisée
- 1 cuillère à café d'essence de vanille
- ½ tasse de beurre d'arachide
- 1 cuillère à soupe de beurre en pommade
- 2 cuillères à soupe de sucre
- 1 ceci
- 1 cuillère à soupe de farine de blé

Préparation

1. Dans un bol, mélanger le chocolat fondu et le café instantané avec la pâte de beurre. Ajouter les œufs, le sucre, l'essence de vanille et bien mélanger.
2. Enfin, ajoutez la farine de blé en la mélangeant bien. Réserve.
3. Mélanger le beurre de cacahuètes avec le beurre, l'œuf, le sucre et la farine. Assurez-vous que c'est une pâte très lisse.
4. Dans un moule graissé, versez la pâte dans la pâte en mélangeant le chocolat avec les cacahuètes.
5. A l'aide d'une cuillère ou d'une fourchette, tirez une grille sur l'autre pour un effet marbré. Cuire au four préchauffé (180°C) pendant 25 à 30 minutes.

40. Gâteau au fromage à la crème expresso aux

noisettes

Ingrédients

Pour la croûte de noix :

- 300 g de noisettes en grains
- 60g de beurre
- 100 g de sucre
- 1 cuillère à soupe de miel liquide
- Pour le remplissage:
- 500 g de ricotta (crémeuse)
- 200 g de fromage à la crème (réglage double crème)
- 2 cuillères à soupe de farine
- 2 œufs (M)

- 125 g de sucre
- 1 sachet de sucre vanillé
- 1 cuillère à café de cannelle en poudre
- 60 ml d'espresso (refroidi)

préparation

1. Pour la croûte de noix du cream cheese cake expresso noisette, préchauffer le four à 200° (chaleur tournante 180°). Placer les noyaux de noisettes sur une plaque à pâtisserie et rôtir au four (centre) pendant 6 à 10 minutes jusqu'à ce que les peaux se fissurent et noircissent. Sortez, placez sur un torchon et frottez la peau avec. Baisser le four à 180° (chaleur tournante 160°).
2. Tapisser le fond et le bord du moule de papier sulfurisé. Laissez refroidir les noisettes décortiquées pendant environ 30 minutes.
3. Hacher grossièrement 2 cuillères à soupe de noix et réserver.
4. Faire fondre le beurre, mélanger avec le sucre et le miel et laisser refroidir légèrement. Broyer finement les noix restantes dans le hachoir blitz et incorporer au mélange de beurre. Versez le mélange de

noix dans le moule et étalez-le autour du fond et des bords avec une cuillère. Refroidir ensuite le moule avec le mélange.

5. Pour la garniture, mélanger la ricotta et le fromage à la crème avec le mélangeur à main jusqu'à consistance lisse. Incorporer la farine, puis incorporer progressivement les œufs jusqu'à ce que le mélange soit lisse. Incorporer le sucre, le sucre vanillé, la cannelle en poudre et l'espresso.

6. Étaler la garniture sur le fond de pâte. Cuire au four (centre) pendant 35 à 40 minutes. Le gâteau est prêt lorsqu'il « tremble » légèrement lorsque vous touchez le centre du moule. Retirez le gâteau et laissez-le refroidir pendant plusieurs heures sur une grille.

7. Avant de servir, démouler le gâteau au fromage à la crème expresso noisette et parsemer des noisettes réservées.

41. Gâteau d'épeautre au chocolat

Ingrédients

Pâte:

- 300 g de farine d'épeautre
- 200 g d'amandes (moulues)
- 150 grammes de sucre
- 1/2 paquet de levure chimique
- 4 oeufs
- 1 tasse(s) de café (froid)

Couverture :

- 180g de beurre
- 150g de chocolat noir

- 1 pincée de sel

préparation

1. Pour le gâteau au chocolat à l'épeautre, mélanger à sec la farine d'épeautre, la poudre d'amandes, le sucre et la levure chimique. Ensuite, fouettez les œufs et la tasse de café froide, mélangez avec le reste des ingrédients et étalez la pâte légèrement liquide sur une plaque à pâtisserie. Enfournez à 200°C pendant environ 20 minutes.
2. Laisser refroidir le gâteau au chocolat à l'épeautre et couvrir de couverture noire.
3. Saupoudrez de beaucoup d'amour.

42. Gâteau au yaourt

Ingrédients

- 4 oeufs
- 300-400 g de farine
- 1 tasse de yaourt
- 200-300 g de sucre glace
- 100 - 200 g de beurre (si possible coupé en dés)
- Confiture (pour tartiner)
- 1 pincée de sel (pas de sel marin sinon trop salé)
- 1 sachet de levure chimique
- 1 sachet de sucre vanillé

préparation

1. Pour le gâteau au yaourt, séparez les œufs et battez les blancs d'œufs en neige (n'oubliez pas la pincée de sel). Faire fondre le beurre.

2. Ajouter le beurre fondu, le sucre glace, le sucre vanillé et la levure chimique aux jaunes d'œufs et mélanger.

3. Incorporer en alternance les blancs d'œufs montés, la farine et le pot de yaourt, sans serrer et délicatement.

4. Badigeonner un plat allant au four de votre choix avec du beurre et un peu de farine (le gâteau peut alors être facilement retiré après la cuisson). Versez le mélange de pâte dans le moule et enfournez à 200 - 220°C.

5. Après cuisson et refroidissement, coupez le gâteau au yaourt en deux et tartinez-le de confiture.

43. Gâteau au pavot Flower Power

Ingrédients

Pour un moule à cake de 25 cm :

- 6 œufs
- 200 g de graines grises (râpées)
- 100 g d'amandes (râpées)
- 50 g de chocolat (râpé)
- 80g de sucre de canne
- 250 g de beurre (doux)
- 1 cuillère à soupe de sucre vanillé
- 1 pc. Orange (seulement la peau)
- 1/2 citron (seulement le zeste)
- 1 pincée de sel magique Sonnentor (fin)

- Pâte à tartiner aux fruits de cassis (ou similaire)

Glaçage:

- 250g de sucre glace
- 2 cuillères à soupe d'eau
- 2 cuillères à soupe de jus de citron
- Mélange de fleurs d'épices Flower Power

préparation

1. Pour le gâteau au pavot Flower Power, séparez les œufs en jaunes et clairs, mélangez les graines de pavot avec les amandes et le chocolat.
2. Mélanger le beurre avec le sucre glace, une pincée de sel, le sucre vanillé, les zestes d'orange et de citron jusqu'à consistance mousseuse. Incorporer progressivement les jaunes et bien mélanger jusqu'à consistance mousseuse.
3. Battre le blanc d'œuf avec le sucre de canne brut sur la neige crémeuse et l'incorporer au mélange de beurre en alternance avec le

mélange graines de pavot, amandes et chocolat.

4. Versez la préparation dans un moule à manqué beurré et fariné, enfournez à 160°C pendant env. 50 minutes, démouler après refroidissement et démouler sur une assiette.

5. Réduire en purée la pâte à tartiner, la passer au tamis, la chauffer et l'étaler finement sur le dessus et tout autour du gâteau.

6. Pour le glaçage, mélanger les ingrédients en une masse lisse et épaisse. Mélanger les fleurs d'épices Flower Power et glacer le gâteau.

44. gâteau aux cerises

Ingrédients

Pour la pâte :

- 200g de beurre
- 200g de sucre glace
- 200 g de farine
- 40g de fécule de maïs
- 5 œufs
- 1 sachet de sucre vanillé

Pour la tôlerie :

- 400g de cerises

préparation

1. Lavez, égouttez et épépinez les cerises.
2. Préchauffer le four à 180°C air chaud. Tapisser la plaque de papier cuisson.
3. Séparez les œufs et battez les blancs d'œufs en neige. Pour ce faire, battez le blanc d'œuf jusqu'à ce qu'il devienne blanc, puis mélangez-y la moitié de la quantité de sucre.
4. Mélanger le beurre, le reste du sucre, les jaunes et le sucre vanillé jusqu'à consistance mousseuse.
5. Tamisez la farine et la fécule de maïs ensemble pour qu'il n'y ait pas de trous dans le gâteau aux cerises.
6. Mélanger l'oeuf-sucre-neige en alternance avec le mélange de farine dans la masse jaune.
7. Étaler la pâte sur le papier cuisson et recouvrir de cerises.
8. Faites cuire le gâteau aux cerises pendant environ 15 à 20 minutes, laissez-le refroidir, ajoutez du sucre si vous le souhaitez et coupez-le en morceaux de n'importe quelle taille.

45. Gâteau au chocolat à l'orange et à la stévia

Ingrédients

- 4 pièces. propriétaire
- 30 g de jus d'agave
- 20 g de crème sure
- 4 cuillères à café de granules de stévia
- 1 1/2 cuillères à café de cannelle en poudre
- 1 cuillère à café de vanille bourbon en poudre
- 1 pincée de clou de girofle en poudre
- 2 cuillères à soupe de rhum
- 1 pc. Orange (jus et zeste)
- 90g de lait de coco
- 3 cuillères à soupe de lait (ou lait de soja)

- 90 g de farine d'épeautre complète
- 35 g d'amandes (moulues)
- 2 cuillères à soupe de cacao
- 10 g de chapelure de grains entiers (chapelure)
- 1 paquet de poudre à pâte tartare

préparation

1. Pour le gâteau au chocolat et à l'orange, séparer les œufs et réserver le blanc d'œuf.
2. Mélanger le jaune (jaune d'œuf), le sirop d'agave, la crème, la stévia, la cannelle, la vanille, le clou de girofle, le rhum et le zeste d'orange jusqu'à consistance lisse.
3. Mélanger le lait de coco, le lait et le jus d'orange dans un bol et ajouter.
4. Ce faisant, réglez le mélangeur à un niveau bas, car la masse est très liquide.
5. Mélanger la farine, les amandes, le cacao, la chapelure (chapelure) et la levure chimique ensemble.
6. Mélanger avec la masse.
7. Incorporez les blancs d'œufs montés en neige, remplissez le moule et enfournez dans un four préchauffé à 180°C pendant 40 à 45 minutes.

46. Gâteau aux graines de citrouille avec crème

au rhum

Ingrédients

Pour le gâteau aux graines de citrouille :

- 8 pièces Jaunes d'œuf
- 200 g de sucre semoule
- 8 g de chapelure
- 200 g de graines de citrouille (moulues)
- 1 sachet de sucre vanillé
- 2 cuillères à soupe de rhum
- 8 morceaux de blanc d'oeuf
- Beurre et farine (pour la poêle)

Pour la crème au rhum :

- 200 ml de crème fouettée
- 4 cl de liqueur d'oeuf
- 1 coup de rhum
- 1 cuillère à café de sucre vanillé

préparation

1. Pour le gâteau aux graines de courge, battre le jaune avec 1/3 du sucre semoule, une pincée de sel et le sucre vanillé jusqu'à consistance très mousseuse.
2. Mélanger les graines de citrouille de Styrie finement moulues, la farine, le rhum et la chapelure et la farine en alternance avec le blanc d'œuf, qui est battu avec le reste du sucre jusqu'à consistance ferme.
3. Tapisser le fond d'un moule à cake de taille moyenne de papier sulfurisé, beurrer le bord et saupoudrer de farine.
4. Versez la préparation pour gâteau et enfournez à 170°C pendant environ 40 minutes jusqu'à ce qu'elle soit légèrement dorée.
5. Pour la crème au rhum, fouettez la chantilly jusqu'à ce qu'elle soit semi-ferme, mélangez légèrement la liqueur d'œuf, le rhum et 1

cuillère à café de sucre vanillé et versez une cuillerée sur les morceaux de gâteau.

47. Muffins café-noisette-chocolat

Ingrédients

- 280 g de Mehl
- 210g de sucre
- 3 oeufs
- 2 sachets de sucre vanillé
- 150 g de beurre (fondu)
- 50 ml de lait

- 150 ml de Kaffee (kalt)
- 1 gousse de vanille (pulpe)
- 4 cuillères à soupe de noisettes (râpées)
- 2 cuillères à soupe de chocolat au lait (râpé)

préparation

1. Pour les muffins café, noisettes et chocolat, préchauffer le four à 150 degrés. Beurrer le moule à muffins et saupoudrer de farine. Ou tapissez de petites caissettes en papier à muffins.
2. Mélanger le sucre, le sucre vanillé, la pulpe d'une gousse de vanille et les 4 œufs jusqu'à consistance mousseuse. Mélanger la farine, la levure chimique, les noix et le chocolat ensemble.
3. Faire fondre et incorporer le beurre. Incorporer le lait et le café. Incorporer enfin le mélange d'œufs et de sucre.
4. Les muffins café-chocolat noisettes au four enfournent 25-30 minutes à 180 degrés.

48. Gâteau rapide au café aux noix

Ingrédients

- 4 œufs
- 1 pincée de sel
- 100 g de noix (finement râpées)
- 1 sachet de café glacé en poudre (20 g)
- 2 cuillères à soupe de sucre glace
- 1 shot de rhum cerise
- 1 tasse de crème fouettée

préparation

1. Pour le gâteau rapide au café et aux noix, séparez d'abord les œufs. Battre les blancs d'œufs avec une pincée de sel jusqu'à ce

qu'ils soient fermes. Battre les jaunes d'œufs et le sucre glace jusqu'à consistance mousseuse.

2. Incorporer la poudre de café glacé, les noix râpées et le rhum cerise dans le mélange de jaunes. Incorporer les blancs d'œufs et étaler le mélange dans un petit moule à manqué beurré et fariné (diamètre 20 cm).

3. Servir avec de la crème fouettée et des noix grossièrement râpées. Cuire à env. 170°C

49. Gâteau aux noix

Ingrédients

- 200g de beurre
- 250 grammes de sucre
- 1 sachet de sucre vanillé
- 5 jaunes
- 1 pincée de cannelle
- 180 g de noisettes (râpées ou noix)
- 120 g de farine (pratique)
- 3 cuillères à café de levure chimique
- 5 morceaux de blanc d'oeuf
- 100 g de chocolat (finement haché)

préparation

1. Pour le gâteau aux noix, mélanger le beurre jusqu'à consistance mousseuse et ajouter progressivement le sucre, le sucre vanillé, le jaune, la cannelle, les noix et la farine mélangée à la levure chimique.
2. Battre les blancs d'œufs en neige ferme. Soulever le chocolat haché sous la neige et incorporer cette masse à la pâte. Mettez le mélange dans une forme émiettée bien graissée.
3. Cuire au four à air chaud à 180°C pendant environ 45 minutes. Laisser reposer 5 minutes dans le four éteint avant de démouler.
4. Laisser refroidir et enrober de sucre.

50. Gâteau Bundt au Nutella

Ingrédients

- 5 œufs
- 300 g de farine
- 100 g de sucre
- 250 g de fromage blanc
- 200 g de beurre (doux)
- 200g de Nutella
- 100 g de chocolat (à fondre)
- 1 cuillère à soupe de Nutella (à faire fondre)
- 200g de chocolat

préparation

1. Beurrer un moule à cake et saupoudrer de sucre.
2. Séparez les œufs, battez les jaunes d'œufs avec le sucre jusqu'à consistance mousseuse, battez les blancs d'œufs en neige ferme.
3. Faire fondre le Nutella avec le beurre et le chocolat et incorporer le jaune d'œuf et la masse de sucre avec le fromage blanc et la farine tamisée, incorporer les blancs d'œufs, verser dans le moule Gugelhupf et cuire au four à 160°C pendant environ 45 minutes.
4. Laissez reposer le Gugelhupf 5 minutes avant de le retourner.
5. Pendant que le Gugelhupf repose, faites fondre le reste du chocolat et du Nutella.
6. Garnir le Gugelhupf de caillé Nutella tiède avec le chocolat liquide et servir idéalement pendant qu'il est tiède.

VÉGÉTARIEN

51. Café et banane frappée

Ingrédients

- 400 ml de café (chaud, fort)
- 2 cuillères à soupe de sucre
- 2 bananes (gros morceaux)
- 1/2 gousse de vanille (pulpe)
- 2 cuillères à soupe d'amandes amandes (finement moulues)
- 2 cuillères à café de sirop d'érable
- 6 glaçons
- Flocons de noix de coco (pour la garniture)

Préparation

1. Pour le shake café-banane, mélangez d'abord le café avec le sucre jusqu'à ce qu'il soit dissous. Réfrigérer au réfrigérateur pendant au moins 30 minutes.
2. Mélanger le café, les bananes, la vanille, les noyaux d'amande et le sirop dans un mélangeur à main. Ajouter les glaçons et mélanger jusqu'à ce qu'ils soient grossièrement hachés.
3. Remplissez le shake café-banane dans deux verres à long drink et décorez de flocons de noix de coco.

52. Gâteau aux figues caramélisées au café

Ingrédients

- 60 g de sucre de canne complet
- 3 cuillères à soupe de sucre semoule (pour saupoudrer les figues)
- 10 figues bio (fraîches)
- 4 œufs de poules élevées en liberté (jaunes et blancs séparés)
- 2 cuillères à soupe de café instantané
- 90 g de farine de blé entier
- 1 cuillère à café de bicarbonate de soude

Préparation

1. Pour le gâteau aux figues caramélisées au café, lavez les figues, coupez-les en deux dans le sens de la longueur, saupoudrez de

sucre semoule et disposez les fruits côté plat au fond du moule.

2. Dans un bol, battre les jaunes d'œufs avec le sucre de canne entier jusqu'à consistance mousseuse. Mélanger la farine séparément avec le café et le bicarbonate de soude et mélanger progressivement le tout avec le mélange d'œufs.

3. Enfin, battre les blancs d'œufs en neige et mélanger avec la pâte. Incorporez quelques cuillères à soupe de neige pour ramollir le mélange, puis utilisez une spatule en caoutchouc pour plier le reste de neige dans la pâte en utilisant des mouvements circulaires.

4. Versez le mélange sur les figues dans le moule et enfournez pour 25 à 30 minutes. Le gâteau est prêt lorsqu'il ne reste plus de pâte collée à un cure-dent qui y a été inséré lors de son retrait.

5. Sortez le gâteau aux figues caramélisées au café fini du four et retournez-le aussitôt (sinon le caramel va coller à la poêle !). Un dessert juteux.

53. Avocat à l'extrait de café

Ingrédients

- 2 morceaux d'avocat
- 2 cuillères à soupe de sucre farin
- 1 coup de cognac
- Extrait de café
- Muscade, râpé)

Préparation

1. Pour l'avocat à l'extrait de café, épluchez les avocats et utilisez un mixeur pour faire la pulpe, le sucre et le cognac.

2. Répartissez-le dans 4 bols, versez un trait d'extrait de café dessus et saupoudrez le mus de muscade.

54. Pudding de cantuccini avec sauce au café

Ingrédients

- 100 g de cantuccini
- 50 g d'amaretto
- 85 g de beurre (doux)
- 35 g de sucre
- 3 oeufs)
- 35 g de sucre
- 1 cuillère à café de beurre (doux)
- 2 cuillères à soupe de sucre
- Pour la sauce:
- 250 ml de crème fouettée
- 50 grammes de sucre
- 2 cuillères à soupe de poudre de café instantané

- 1 pièce de jaune

Préparation

1. Pour le pudding de cantuccini avec sauce au café, hachez très finement les cantuccini et les amaretti dans l'emporte-pièce. Mélanger le beurre avec le sucre jusqu'à consistance mousseuse. Séparez les œufs, mélangez les jaunes d'œufs avec les amaretti cantuccini hachés dans le mélange de mousse et battez le blanc d'œuf jusqu'à ce qu'il soit ferme. Saupoudrer de 35 g de sucre, continuer de battre jusqu'à ce que le mélange brille bien et incorporer au mélange de mousse.

2. Beurrez les moules et saupoudrez de sucre, versez le mélange, placez les moules dans la plaque profonde, remplissez la plaque jusqu'aux 3/4 de hauteur environ avec de l'eau chaude et pochez le pudding au four. Porter à ébullition la chantilly et le sucre, laisser reposer à feu doux pendant 15 minutes, filtrer.

3. Fouetter la poudre de café et le jaune, incorporer à la chantilly chaude, porter à nouveau à ébullition, mais ne plus faire bouillir, laisser refroidir. Pour servir,

retournez le pudding sur une assiette et versez la sauce café dessus, saupoudrez le pudding cantuccini de sauce café avec du sucre glace si vous le souhaitez et décorez de grains de café et de cœurs à la crème.

55. Glaçage au blanc d'oeuf au café

Ingrédients

- 30 g de blanc d'œuf (pasteurisé, correspond à 1 blanc d'œuf)
- 200 g de sucre glace (finement tamisé, un peu plus si besoin)
- 30 ml de rhum

- 1 cuillère à café de poudre de café (dissoute dans 10 ml d'eau)

Préparation

1. Mettre le blanc d'œuf avec le sucre dans un récipient et battre jusqu'à ce que le mélange soit ferme et mousseux.
2. Incorporer la poudre de café dissoute et le rhum.
3. Réchauffez un peu le glaçage au blanc d'œuf avant de l'appliquer. Dissolvez éventuellement encore 10 g d'huile de noix de coco dedans.

56. Café Dalgona

Ingrédients

- 8 cuillères à café de café instantané
- 8 cuillères à café de sucre
- 8 cuillères à café d'eau (chaude)
- 100 ml de lait
- Poudre de cacao

Préparation

1. Dans un bol, mélanger le café instantané, le sucre et l'eau chaude à l'aide d'un fouet.
2. Battre 3 à 4 minutes jusqu'à l'obtention d'une consistance crémeuse.

3. Mettez les glaçons pilés dans un verre, versez le lait dessus.
4. Verser la masse de café crémeuse sur le lait, affiner avec un peu de poudre de cacao sur la tête.
5. Remuez une fois et dégustez.

57. Café à la banane

Ingrédients

- 2 bananes (mûres)
- 1 giclée de jus de citron
- 2 cuillères à café de sirop d'érable
- 1/2 cuillère à café de cannelle
- 4 expressos (double)

Préparation

1. Pour le café à la banane, pelez et écrasez d'abord les bananes. Mélanger avec du jus de citron, du sirop d'érable et de la cannelle.

Répartir les bananes dans 4 petits verres résistants à la chaleur.

2. Préparez les expressi et ajoutez un double expresso à chacun des mélanges de bananes (si nécessaire, sucrez au préalable au goût).

3. Servez le café banane saupoudré d'une pincée de cannelle.

58. Café réchauffant l'âme

Ingrédients

- 500 ml de café (chaud, fort)
- 1 anis étoilé
- 5 gousses de cardamome (vertes)
- 75 g de sucre de canne (brun)
- 80 ml de rhum
- Crème fouettée (piquée)

Préparation

1. Pour le café qui réchauffe l'âme, pressez d'abord les gousses de cardamome dans un mortier afin que les graines se séparent. Cela peut également être fait manuellement

en ouvrant simplement les capsules et en retirant les graines. Utilisez également des bols, ils contiennent beaucoup d'arômes.

2. Ajoutez l'anis étoilé et la cardamome au café fraîchement moulu et laissez infuser pendant 20 minutes. Souche.

3. Sucrer avec le sucre et remuer jusqu'à dissolution.

4. Portez à nouveau à ébullition, retirez du feu et ajoutez le rhum.

5. Servez le café plus chaud avec une hotte.

59. Glace café et graines de pavot aux cerises marinées

Ingrédients

- 1 pc. Glace au café
- 1 morceau de glace aux graines de pavot Pour les cerises :
- 200 g de cerises (dénoyautées)
- 100 ml de Zweigelt
- 50g de vinaigre balsamique
- 1 gousse de vanille (bouillie)
- 1 bâton de cannelle Pour la décoration :
- 1 barre(s) de chocolat
- 100 ml de crème fouettée

Préparation

1. Porter à ébullition le vin rouge avec le sucre, la pulpe de vanille, la cannelle et le vinaigre. Ensuite, mettez les cerises dedans et laissez-les bouillir à nouveau brièvement, retirez du feu et laissez les cerises refroidir dans le liquide.
2. Râpez le chocolat en larges lamelles avec une râpe, fouettez la chantilly jusqu'à ce qu'elle soit ferme.
3. Répartir les cerises sur des coupes à dessert, disposer la glace dessus et décorer avec la crème et le chocolat.

60. Glace café chocolat Vistule aux fruits rouges marinés

Ingrédients

- 1 morceau de glace aigre
- 1 morceau de glace au chocolat
- 1 pc. Glace au café
- 1 cuillère à soupe de noix de cajou

Pour les baies :

- 100 g de baies (mélangées, par exemple myrtilles, mûres, groseilles, fraises, framboises)

- 4 cuillères à soupe de sirop de fleur de sureau
- 1 cuillère à café de jus de citron
- 10 feuilles de menthe

Préparation

1. Assaisonner les baies avec le sirop, la menthe et le jus de citron coupés en fines lamelles.
2. Hacher grossièrement les noix de cajou.
3. Disposez la crème glacée dans un bol et décorez avec les baies, les noix hachées et la menthe fraîche.

61. Cardamome d'hiver et latte à la cannelle

Ingrédients

- 1 boîte(s) de lait de coco (ou crème fouettée végétalienne)
- 6 gousses de cardamome
- 2 bâton(s) de cannelle
- 160 ml de café
- 100 ml de lait d'amande (ou lait d'avoine)
- Cannelle (moulue, pour saupoudrer)

Préparation

1. Pour le latte d'hiver à la cardamome et à la cannelle, mettez d'abord le lait de coco au réfrigérateur pendant la nuit.

2. Le lendemain, sortez le lait de coco du réfrigérateur, retirez la crème de coco durcie de la boîte et soigneusement, sans la mélanger avec le liquide, versez-la dans un bol réfrigéré. Mélanger avec un batteur à main jusqu'à consistance crémeuse.

3. Mettez les gousses de cardamome et les bâtons de cannelle dans une grande tasse et versez dessus le café fraîchement moulu.

4. Chauffer le lait sur la cuisinière à faible niveau.

5. Tamisez les capsules de cardamome et la cannelle, répartissez le café entre deux tasses puis mélangez avec le lait chaud.

6. Versez 2 à 3 cuillères à soupe de crème de noix de coco dans chacune des tasses et saupoudrez le latte hiver cardamome-cannelle de cannelle.

62. Café de rêve avec Stevia

Ingrédients

- 120g de crème de soja
- 250 g de QuimiQ naturel (1 paquet, ou 180 g de Rama Cremefine for Ko)
- 1 cuillère à soupe de sirop de riz
- 2 cuillères à café de granules de stévia
- 2 cuillères à soupe de whisky (ou brandy ou rhum)
- 1/4 cuillère à café de vanille bourbon en poudre
- 1 tasse(s) petit expresso (sucré avec 1/2 cuillère à café de granules de stévia)

Pour la décoration :

- Café en grains au chocolat

Préparation

1. Pour le café rêvez la chantilly au soja et chillez. Puis fouettez le QuimiQ, le sirop de riz, la stevia, le whisky et la vanille jusqu'à ce qu'ils soient mousseux. Ensuite, ajoutez le café et remuez bien avec le mélangeur à faible niveau.
2. Mélanger avec de la chantilly au soja, verser dans des moules et réfrigérer 1 à 2 heures.
3. Décorez d'une noisette de chantilly au soja et d'un grain de café au chocolat.
4. Saupoudrer le Coffee Dream de cannelle au goût.

63. Cappuccino au lait de poule de Pâques

Ingrédients

- 1 œuf en chocolat (vide, gros)
- 1 expresso (double)
- 125 ml de lait
- 1 shot de liqueur d'oeuf
- pépites de chocolat (facultatif)

Préparation

1. Pour le cappuccino à la liqueur d'œufs de Pâques, enveloppez d'abord l'œuf à moitié hors du papier d'aluminium. Détachez soigneusement le capuchon en haut. Mettez

l'œuf dans une tasse adaptée (de préférence une tasse à cappuccino).

2. Préparez fraîchement le double expresso. Juste avant de servir, faire mousser le lait en une mousse de lait ferme. Maintenant, versez d'abord rapidement l'espresso, puis un peu de lait avec de la mousse de lait et la liqueur d'œuf dans l'œuf en chocolat.

3. Garnir le cappuccino de liqueur aux œufs de Pâques avec des pépites de chocolat au choix.

64. Coins café

Ingrédients

- 170g de beurre
- 80 g de sucre semoule fin
- 1 jaune (ou 1 blanc d'oeuf)
- 10g de sucre vanillé
- 1 pincée de sel
- 250 g de farine de blé (lisse)
- Crème au beurre au café (pour la garniture)
- Peut-être du fondant (pour décorer)
- Confiture d'abricots ou de groseilles (pour badigeonner)
- éventuellement glaçage au chocolat

Préparation

1. Transformez rapidement tous les ingrédients en une pâte, ne mettez au réfrigérateur que brièvement si nécessaire.
2. Abaisser la pâte sur une épaisseur d'env. 2 mm et découpez des biscuits à l'aide d'un emporte-pièce. Vous pouvez également découper des cercles et les couper en 4 quartiers avec un couteau.
3. Placer les tranches en éventail obtenues sur une plaque à pâtisserie préparée et cuire au four à 165 ° C pendant environ 12 à 15 minutes.
4. Une fois refroidi, assembler 2 compartiments avec la crème au beurre, enduire le couvercle de confiture, glacer de fondant et, une fois refroidi, décorer avec du glaçage en spray.
5. Décorez peut-être avec des grains de café au chocolat ou des perles d'argent.

65. Glace au café sur un bâton

Ingrédient

- 480 ml de café (selon la taille des moules)
- un peu de sucre (si nécessaire)

Préparation

1. Pour la glace sur bâtonnet, préparez d'abord le café comme d'habitude. Si vous le souhaitez, sucrez avec du sucre et assurez-vous que le sucre se dissout complètement. Laissez refroidir un peu.
2. Versez le café dans des moules à sucettes glacées. Congeler pendant plusieurs heures.

3. Avant de retirer la glace sur le bâton, passez brièvement les moules sous l'eau tiède pour que la glace se dissolve plus facilement.

67. Cappuccino truffe

Ingrédients

- 100g de chocolat noir
- 150 g de chocolat moka
- 60 ml de café (café turc)
- 65 ml de crème fouettée
- $\frac{1}{2}$ cuillère à soupe de beurre (doux)

- 1 pincée de sucre (cristal fin)

Préparation

2. Pour les truffes cappuccino, cassez le chocolat en petits morceaux et faites-les fondre à la vapeur.
3. Mélanger le chocolat fondu avec le beurre à température ambiante, le café et la crème fouettée.
4. Laissez refroidir un peu.
5. Dès que la masse a refroidi, séparez-en des petits morceaux et façonnez des boules de praliné. Si vous vous humidifiez les mains entre les deux, le roulement est beaucoup plus facile.
6. Si vous le souhaitez, roulez les truffes cappuccino dans du sucre, de la noix de coco, des noix concassées ou des pistaches concassées et placez-les dans de jolis moules à pralines.

68. Gâteau au café simple

Ingrédients

- 150 g de beurre (fondu)
- 200 g de sucre
- 1 oeuf
- 250 ml de café (noir)
- 400 g de farine (lisse)
- 1 sachet de levure chimique
- 1 sachet de sucre vanillé
- un peu de zeste de citron (au goût)

Préparation

1. Dans un grand bol, mélanger le beurre chaud, le sucre et l'œuf jusqu'à consistance mousseuse. Incorporer ensuite la farine mélangée à la levure chimique, le sucre vanillé, le zeste de citron et le café.
2. Versez la pâte dans un moule beurré ou recouvert de papier sulfurisé (boîte, bundt cake ou moule à cake, ou plaque à pâtisserie, selon vos envies).
3. Cuire à env. 175°C (four à chaleur tournante) pendant au moins 45 minutes, puis vérifier et cuire encore 10 minutes si nécessaire.

69. Café glacé

Ingrédients

- 1l de chantilly
- 1 pc. Gousse de vanille
- 200 g de café moka (fortement brûlé et râpé)
- 8 pièces Jaunes d'œuf
- 400g de sucre en poudre
- Crème fouettée (et bâtonnets creux pour la garniture)

Préparation

1. Pour le café glacé, faites d'abord bouillir la crème fouettée à la vanille et mélangez-la avec le café moka fraîchement râpé. Après que ce mélange ait reposé pendant 20 minutes, les jaunes d'œufs sont mélangés avec le sucre glace jusqu'à consistance mousseuse, puis alliés avec le mélange café-crème filtré sur la flamme la plus basse.

2. La masse résultante est fortement refroidie et après avoir gelé, servez le café glacé dans de grands verres avec un dessus fouetté et des bâtonnets creux.

70. Banane au café au chocolat

Ingrédients

- 2 cuillères à soupe de jus de citron
- 1 cuillère à soupe de sucre
- 1 pincée de pulpe de vanille
- 1 banane
- 2 cuillères à soupe de sirop de chocolat
- 400 ml de café chaud fraîchement moulu
- 150 ml de lait
- poudre de cacao pour saupoudrer

Étapes de préparation

1. Portez à ébullition le jus de citron avec le sucre, la vanille et 100 ml d'eau dans une casserole. Peler et couper la banane en dés. Verser dans la casserole, laisser mijoter 1 à 2 minutes et retirer du feu. Laisser refroidir légèrement, puis verser dans 4 verres.

2. Mélanger le sirop avec le café et verser délicatement sur les bananes à l'exception de 2 cuillères à soupe. Faire chauffer le reste du café avec le lait et mélanger jusqu'à consistance mousseuse. Verser sur le café et servir saupoudré d'un peu de cacao.

71. Café Irlandais

Ingrédients

- 100 ml de whisky irlandais
- 4 tasses de café chaud
- 3 cuillères à soupe de sucre roux
- 100g de chantilly
- sucre brut pour la garniture

préparation

1. Bien chauffer le café, le whisky et le sucre en remuant et dissoudre le sucre, puis verser dans des tasses en verre préchauffées.
2. Fouettez légèrement la crème et servez en hotte sur le café, saupoudré d'un peu de cassonade.

72. Canapés au café et aux noix

Ingrédients

- 150 g de farine
- 50 g de cacao en poudre (légèrement déshuilé)
- 50 g de noisettes (moulues)
- 1 cuillère à café de levure chimique
- sel
- 2 œufs (taille M)
- 150 grammes de sucre
- 2 cuillères à café de café (soluble, env. 10 g)
- 6 cuillères à soupe de bière de colza

- Sucre en poudre (pour saupoudrer)

Préparation

1. Pour les bouchées au café et aux noix, préchauffez d'abord le four à 180°C. Tapisser deux plaques à pâtisserie de papier sulfurisé. Mélanger la farine, la poudre de cacao, les noisettes moulues, la levure chimique et une pincée de sel dans un bol.

2. Dans un grand bol, battre les œufs, le sucre, le café instantané et l'huile de colza avec le fouet du batteur à main jusqu'à consistance mousseuse. Ajouter les ingrédients secs cuillère à soupe à la fois et mélanger le tout rapidement pour former une pâte.

3. Sortez les portions de pâte de la taille d'une noix avec une cuillère à café et placez-les en tas sur la plaque à pâtisserie avec une deuxième cuillère à café, en laissant un peu d'espace.

4. La rainure du café mord au four (au milieu). Cuire au four pendant 12-13 minutes par assiette. Retirer, retirer de la plaque avec le

papier cuisson et laisser refroidir sur une grille. Saupoudrer de sucre en poudre.

73. Tiramisu Nutella Framboise

Ingrédients

- 250g de framboises
- 250 ml de crème fouettée
- 3 œufs (frais)
- 500g de mascarpone
- 24 boudoirs
- 250 ml de café (fort)
- 350 g de Nutella

- Cacao en poudre (pour saupoudrer)
- Framboises (pour la décoration)

Préparation

1. Faites du café et laissez-le refroidir un peu.
2. Laver et réduire en purée les framboises.
3. Battre la crème fouettée dans un bol jusqu'à consistance ferme, mélanger les œufs dans un autre bol jusqu'à consistance mousseuse. Ajouter la chantilly et le mascarpone, mélanger soigneusement.
4. Tremper les génoises dans le café et recouvrir le fond d'un plat (ex. cocotte). Mélangez le reste du café avec le Nutella.
5. Étalez la crème mascarpone sur les biscuits, puis versez la crème Nutella et la purée de framboises dessus. Procédez dans cet ordre jusqu'à épuisement de tous les ingrédients (finissez par la crème au mascarpone).
6. Réfrigérer le tiramisu pendant au moins 2 heures.
7. Saupoudrer de cacao en poudre et décorer de framboises avant de servir.

74. Tiramisu banane caillé

Ingrédients

- 250 ml de café (fort)
- 1 shot de rhum (facultatif)
- 200 ml de crème fouettée
- 250 g de fromage blanc
- 400g de mascarpone
- 50 g de sucre glace (ou selon vos envies)
- 4 bananes
- 200 g de boudoirs
- Cacao en poudre (pour saupoudrer)

préparation

1. Faire bouillir le café, laisser refroidir un peu et mélanger avec un trait de rhum.
2. Dans un bol, fouetter la crème fouettée jusqu'à ce qu'elle soit ferme. Incorporer le fromage blanc, le macarpone et le sucre glace. Eplucher et trancher les bananes.
3. Tremper les boudoirs dans le mélange café-rhum et les disposer dans un plat allant au four. Recouvrir d'une couche de crème au mascarpone, garnir de rondelles de banane et de boudoirs. Continuez à dimensionner jusqu'à ce que tous les ingrédients aient été utilisés (finissez par une couche de crème au mascarpone).
4. Réfrigérer au moins 2 heures et saupoudrer de cacao en poudre avant de servir.

75. Gâteau de manioc au café et à la noix de

coco

Ingrédients

- 3 tasses de manioc cru (manioc) dans un robot culinaire
- 3 tasses de thé au sucre
- 3 cuillères à soupe de beurre
- $\frac{1}{4}$ tasse de café Santa Clara égoutté
- $\frac{1}{4}$ tasse de lait
- 3 blancs d'oeufs
- 3 gemmes
- $\frac{1}{2}$ tasse de parmesan râpé
- 100 grammes de noix de coco râpée
- 1 cuillère à soupe de levure chimique
- 1 pincée de sel

Préparation

1. Mettez le manioc dans le robot, placez-le dans un torchon, essorez-le bien et jetez le lait. Étaler la pâte dans un moule et réserver. Au batteur électrique, battre le sucre et le beurre. Lorsqu'il est blanchâtre, ajoutez les jaunes, le fromage râpé, le café et le lait. Battre jusqu'à ce que tous les ingrédients soient bien incorporés. Ajouter la masse de manioc et la noix de coco. Mélanger avec une spatule. Enfin, la levure et les blancs en neige, en mélangeant à la spatule. Cuire dans un moule graissé de votre choix dans un four préchauffé à 180 degrés pendant environ 40 minutes ou jusqu'à ce que la surface soit dorée.

76. Café Busserln

Ingrédients

- 4 morceaux de blanc d'oeuf (120 g)
- 1 paquet de gaufrettes (diamètre 40 mm)
- 4 cuillères à soupe de moka
- 200 g de sucre glace (sucre en poudre)

Préparation

2. Séparez les œufs pour les chips de café. Mélanger le blanc d'œuf, le sucre et le moka et battre fermement au bain-marie. Retirer du bain-marie et continuer à battre jusqu'à ce que la masse se soit refroidie.

3. Placez les gaufrettes sur une plaque à pâtisserie recouverte de papier sulfurisé et appliquez le mélange par petites portions sur les gaufrettes à l'aide d'un sac rempli de peau. Laissez un petit bord de la gaufrette autour de la masse - les petits pains se sépareront encore pendant la cuisson. Si vous n'avez pas de gaufrettes à la maison, vous pouvez appliquer le Busserl directement sur le papier sulfurisé.
4. Enfournez les grains de café à environ 150°C pendant environ 30 minutes.

77. Gaufres expresso et pignons de pin

Ingrédients

- 50 g de pignons de pin
- 2 cuillères à café de grains d'espresso
- 125 g de beurre (doux)
- 100 g de sucre
- 1 sachet de sucre vanillé bourbon
- 3 œufs (taille M)
- 250g de farine de blé
- 1 cuillère à café de levure chimique
- 75g de chantilly
- 1/8 expresso (fraîchement infusé, refroidi)
- 1 pincée de sel
- Gras (pour le gaufrier)

Préparation

1. Pour les gaufres expresso aux pignons de pin, faites griller les pignons de pin dans une poêle jusqu'à ce qu'ils soient dorés et laissez-les refroidir un peu. Hachez finement les grains d'espresso avec un couteau bien aiguisé.

2. Battre le beurre, 50 g de sucre et le sucre vanillé jusqu'à consistance mousseuse. Séparez les œufs. Incorporer les jaunes d'œufs au beurre et à la crème sucrée. Mélanger la farine, la levure et les pignons et mélanger en alternance avec la crème fouettée, l'espresso et les grains d'espresso.

3. Battre les blancs d'œufs avec le sel et le sucre restant jusqu'à consistance épaisse et crémeuse et incorporer.

4. Préchauffer le gaufrier, graisser finement les surfaces de cuisson. Placez environ 2 cuillères à soupe de pâte au milieu de la surface de cuisson inférieure et fermez le gaufrier. Cuire la gaufre env. 2 minutes jusqu'à ce qu'il soit croustillant et brun clair.

5. Les gaufres expresso et pignons Retirez, placez sur une grille et procédez de la même manière avec le reste de la pâte.

78. Biscuits de tasses à café

Ingrédients

- 50g de beurre
- 150 g de farine
- 2 cuillères à soupe de cacao
- 1 pincée de levure chimique
- 50g de sucre glace
- 1 pincée de sel

- 1 pièce d'oeuf
- 2 cuillères à soupe de café (fort)

Préparation

1. Pour les biscuits tasse à café, coupez le beurre en petits morceaux. Tamisez la farine, la levure et le cacao. Mélanger tous les ingrédients avec le sel et le sucre glace, battre l'oeuf et incorporer le café et pétrir rapidement pour former une pâte lisse. Laisser reposer au réfrigérateur environ 1 heure.

2. Étalez la pâte sur une surface farinée et découpez les cœurs avec un emporte-pièce mug disponible dans le commerce et placez-les sur une plaque à pâtisserie recouverte de papier sulfurisé.

3. Cuire les biscuits tasse à café au four préchauffé à 180°C pendant environ 10 minutes.

79. Gâteau à la gelée de marbre cappuccino

Ingrédients

- 125g de beurre
- 150 grammes de sucre
- 4 œufs
- 1 sachet de sucre vanillé
- 1 pincée de sel
- 250 g de farine (lisse)
- 1/2 paquet de levure chimique
- 2 cuillères à soupe de lait
- 4 cuillères à soupe de cappuccino en poudre
- Sucre glace (pour saupoudrer)

Préparation

1. Pour le cappuccino marbré ugelhupf, battez d'abord le beurre jusqu'à ce qu'il soit mousseux. Mélanger la moitié du sucre avec le jaune d'œuf et le sucre vanillé séparément jusqu'à consistance mousseuse. Mélanger les deux masses.

2. Tamiser la farine avec la levure chimique. Battre les blancs d'œufs avec le reste du sucre avec une pincée de sel jusqu'à consistance ferme. Incorporer soigneusement les deux en alternance.

3. Transférer la moitié de la pâte dans un deuxième bol. Mélangez la poudre de cappuccino avec du lait jusqu'à ce que vous ne puissiez plus voir de grumeaux. Incorporer la moitié de la pâte.

4. Beurrer et fariner un moule à cake (ou saupoudrer de chapelure). Versez d'abord la lumière, puis la masse sombre et passez-la à l'aide d'un bâton pour créer un marbrage.

5. Cuire à 150°C dans le four préchauffé pendant environ 50 minutes.

6. Démouler la gelée marbrée cappuccino et saupoudrer de sucre glace.

80. Avocat Café dans un verre

Ingrédients

- 4 avocats (petits, mûrs)
- 4 cuillères à soupe de lait d'amande (sucré)
- 4 cuillères à café de graines de chia
- 1 pincée de cannelle en poudre
- 200 g de yaourt (10 % de matière grasse)
- 600 ml de café

Préparation

1. Coupez les avocats en deux, retirez le noyau et retirez la pulpe de la peau.

2. Mixez avec le lait d'amande et les graines de chia et assaisonnez de cannelle.

3. Répartir le mélange d'avocats dans 4 verres à manche. Placez le yaourt sur le dessus et versez lentement du café fraîchement préparé (de préférence à partir de la machine entièrement automatique) sur le dos d'une cuillère.

4. Posez une paille et servez.

COLLATIONS

81. Tranches de crème

Ingrédients

- 1 cuillère à soupe de beurre
- 3 cuillères à soupe de sucre
- 200 g de dessus fouetté
- 200 ml de lait
- Pain blanc (de la veille)

préparation

1. Caraméliser 1 cuillère à soupe de beurre et 3 cuillères à soupe de sucre dans une casserole.
2. Versez ensuite la chantilly et le lait. Porter à ébullition jusqu'à ce que le sucre soit dissous.
3. Couper le pain en tranches et faire griller dans un peu de beurre clarifié des deux côtés jusqu'à ce qu'il soit doré. Mettez les tranches de pain dans un bol et versez dessus le mélange lait-sucre.
4. Disposer chaud sur une assiette et servir avec du café ou du vin doux (Trockenbeerenauslese).

82. Gâteau aux fruits

Ingrédients

- 150g de beurre
- 100g de sucre en poudre
- 3 jaunes d'oeufs
- 2 blancs d'oeufs
- 50 g de sucre semoule
- 180 g de farine (lisse)
- 4 g de levure chimique
- 100 ml de lait
- 100g de raisins secs
- 50 g de zeste de citron (haché)
- 50 g d'aranzini (hachés)

- 50 g de chocolat à cuire (haché)
- Vanille (ou autres sucres)
- Zeste de citron (râpé)
- sel

Préparation

1. Mélanger le beurre avec le sucre en poudre, une pincée de sel, la pulpe de vanille ou le sucre et le zeste de citron râpé jusqu'à consistance mousseuse. Incorporer progressivement les jaunes d'œufs. Battre les blancs d'œufs avec le sucre semoule pour faire de la neige. Incorporer au mélange de beurre. Mélanger la farine avec la levure chimique, incorporer au mélange et verser le lait. Incorporer les raisins secs, le zeste de citron, les aranzini et le chocolat. Versez le mélange dans un moule à gugelhupf préalablement beurré et saupoudré de farine. Enfournez dans un four préchauffé à 160°C pendant environ 55 minutes.

83. Caipirinha muffins

Ingrédients

- 300 g de farine
- 1 1/2 cuillères à café de levure chimique
- 1/2 cuillère à café de bicarbonate de soude
- 1 Non.
- 300 g de yaourt (naturel)
- 150 grammes de sucre
- 100 ml d'huile
- 4 citrons verts
- 50 ml de rhum (blanc ou cachaça)
- 50 g de chocolat (blanc)
- 1 cuillère à soupe de rhum (blanc)
- un peu de gras (pour la forme)

Préparation

2. Pour les muffins à la caipirinha, mélangez d'abord la farine avec la levure chimique et le bicarbonate de soude.
3. Préchauffer le four à 200°C.
4. Mélanger l'œuf, le yaourt et le sucre dans un bol. Lavez bien les citrons verts, frottez la peau et essorez-les.
5. Mélanger le jus et le zeste de 3 citrons verts avec du rhum blanc. Ajouter le mélange de farine et remuer jusqu'à ce qu'il soit humide. Beurrer les 12 moules à muffins et verser la pâte. Cuire les muffins environ 25-30 minutes. Pressez un autre demi-citron vert et coupez de fines lanières de la peau.
6. Coupez le chocolat en morceaux et faites fondre. Incorporer le jus et le rhum et étaler sur les muffins encore chauds.

84. Boules d'énergie à la mangue et à la noix de coco

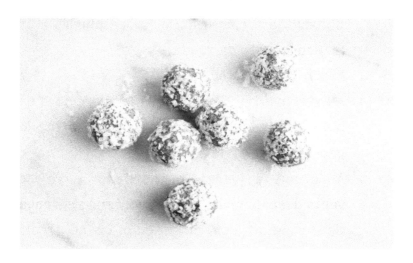

Ingrédients

- 100 g de mangue Seeberger (fruits secs)
- 200 g de dattes Seeberger (dénoyautées)
- 75 g de mélange montagnard Seeberger
- 70 ml d'eau
- 2 cuillères à soupe de flocons de noix de coco
- Pour rouler :
- 2 cuillères à soupe de flocons de noix de coco

préparation

1. Pour les boules d'énergie à la mangue et à la noix de coco, portez l'eau à ébullition.
2. Mélanger tous les ingrédients et mixer finement dans un blender. Selon la consistance désirée, un peu plus d'eau peut être ajouté.
3. Humidifiez vos mains et formez des boules de la même taille à partir du mélange.
4. Rouler ensuite dans les flocons de noix de coco.
5. Refroidir au réfrigérateur pendant quelques heures.

85. Porridge Bleuet et Marguerite

Ingrédients

- 1 pomme (petite)
- 12 cuillères à soupe de flocons d'avoine
- 400 ml de lait
- 3 cuillères à café de miel
- 6 cuillères à café de fleurs de bleuet (séchées)
- 2 cuillères à soupe de marguerites

Préparation

1. Épluchez la pomme, retirez le trognon et frottez le côté grossier de la râpe.

2. Mettre la pomme râpée, les flocons d'avoine et le lait dans une casserole et laisser mijoter en remuant jusqu'à ce que la bouillie ait la consistance désirée.

3. Ajouter le miel et les fleurs de bleuet et incorporer. Remplir des bols et parsemer de marguerites.

86. Colomba Pudding Au Café

Ingrédients

- 6 tranches de colomba hachées
- 150 ml de Café Premium 3 Coeurs préparé avec 150 ml d'eau et 2 cuillères à soupe de café
- 100 ml de jus d'orange
- 1 cuillère à soupe de zeste d'orange
- 1 cuillère à soupe de beurre en pommade
- Cannelle en poudre au goût
- 1 cuillère à soupe de sucre cristallisé avec de la cannelle au goût

Préparation

1. Placer les morceaux de Colomba dans un bol. Ajouter le café, le beurre, le jus d'orange et le zeste. Enfin, ajoutez la cannelle.

2. Bien mélanger et placer le tout dans un moule à cake tapissé de papier sulfurisé. Saupoudrer le sucre de cannelle avant de le mettre dans un four préchauffé (180°C) pendant 40 minutes.

87. Sandwich au Beurre de Cacahuète et

Espresso

Ingrédients

- 1 verre de 200 grammes de beurre de cacahuète
- 1 tasse de café expresso (ou fort tendu)
- 1 verre de gelée de fruits rouges
- Tranches de pain au choix

Préparation

1. Étaler le beurre d'arachide avec le café dans le robot culinaire.
2. Préparez le sandwich en étalant le beurre de cacahuète et le café sur une tranche et la

confiture de baies sur l'autre. Ajoutez les tranches à un sandwich et le tour est joué !

88. Tarte au lait sucré et au café

Ingrédients (pâte)

- 200 grammes de biscuit à la fécule de maïs concassé
- 100 grammes de beurre
- ½ tasse de café Pimpinela Golden filtré chaud
- 1 cuillère à café de levure chimique

Préparation

1. Préchauffer le four à 180°.

2. Faire fondre le beurre dans le café et l'incorporer progressivement au biscuit concassé déjà mélangé à la levure. Tapisser une forme d'arceau amovible (20 cm de diamètre) sur une hauteur de 1/2 cm. Cuire au four pendant 30 minutes.
3. Retirez et attendez qu'il refroidisse.

89. Barre chocolatée aux cacahuètes

Ingrédient

- 250 grammes de chocolat j'ai mélangé du lait et du chocolat noir
- 400 grammes de farine
- 1 cuillère à café de levure chimique
- Casser 250 grammes de beurre
- Gruau 300 grammes
- 100 grammes de sucre roux
- 100 grammes de noix salées et hachées, de préférence un mélange
- 2 petits oeufs

Pour la crème

- 80 grammes de beurre de cacahuète croustillant
- Lait concentré 200 ml
- 200 ml de lait de jeune fille doux et crémeux concentré

Préparation

1. Hachez deux types de chocolat, ni trop fin, ni trop grossier. Utilisez de la levure chimique et du beurre pour transformer la farine en une pâte cassante. Ajouter les flocons d'avoine, la cassonade et les noix hachées et mélanger le tout.

2. Placer une portion de chapelure (environ un quart) avec le chocolat haché dans un deuxième bol. Vous n'avez plus besoin de ce mélange.

3. Ajouter les œufs aux miettes restantes, mélanger le tout et placer la pâte dans un plat allant au four recouvert de papier sulfurisé comme base. Appuyez fermement dessus. Placez un petit rouleau à pâtisserie dessus pour que tout soit uniforme et lisse. Cuire la pâte à 180 degrés de haut en bas pendant environ 15 minutes.

4. Mélanger le lait concentré et le lait concentré sucré avec du beurre de cacahuète. Mélanger du lait concentré ordinaire avec une laitière légèrement dodue peut ne pas être nécessaire. Cependant, les meilleurs résultats ont été obtenus en termes de consistance et de goût.

5. Versez le mélange de cacahuètes et de lait dans une base fraîchement cuite et légèrement réfrigérée. C'est relativement fluide ! Saupoudrer le reste du mélange de pâte et de chocolat sur le crumble, presser un peu et cuire au four environ 20 minutes. Trouver le bon moment pour retirer n'est pas facile. Il est préférable de le retirer du four un peu plus rapidement. Parce qu'il fait froid et que tout devient plus difficile. Coupez-le en barre ou en carré et dégustez !

90. Biscuits au café

Ingrédients

Pour la pâte :

- 160g de farine
- 80g de sucre en poudre
- 80 g de noix
- 1 fille
- 1 cuillère à soupe de rhum
- 120g de beurre
- 2 cuillères à soupe de café (fort)

Pour la crème :

- 80 g de beurre (doux)

- 80g de sucre en poudre
- 2 cuillères à soupe de café (fort)
- 1 cuillère à soupe de rhum Pour le glaçage :
- 70g de sucre en poudre
- 2 1/2 cuillères à soupe de café
- 1 goutte d'huile (huile de coco)

préparation

1. Mélanger tous les ingrédients en une pâte et réfrigérer pendant 1 heure.
2. Abaisser la pâte et découper des cercles et enfourner à 175°C pendant environ 8 minutes.
3. Pour la crème, battre le beurre avec le sucre jusqu'à consistance mousseuse puis incorporer lentement le rhum et le café.
4. Remplissez les biscuits refroidis avec la crème.
5. Pour le glaçage, mélangez le tout jusqu'à obtention d'une masse à tartiner.
6. Badigeonner les biscuits café de glaçage et décorer d'une graine de moka.

91. Glaçage au café

Ingrédients

- 250g de sucre en poudre
- eau chaude
- café réduit
- 1 cuillère à soupe de lait

préparation

1. Pour le glaçage au café, faites bouillir le café et faites-le réduire lentement dans une casserole jusqu'à formation d'une masse visqueuse. Cela donne au glaçage sa belle couleur marron moka.

2. Maintenant, mélangez lentement l'eau et le café dans le sucre en poudre tamisé jusqu'à ce qu'un mélange liquide et lisse se forme. Incorporez enfin le lait au glaçage au café.

92. Café Busserl

Ingrédients

- 4 morceaux de blancs d'œufs (120 g)
- 1 paquet de gaufres (40 mm de diamètre)
- 4 cuillères à soupe de moka
- 200 g de sucre en poudre (sucre en poudre)

préparation

1. Séparez les œufs pour les chips de café. Mélanger le blanc d'œuf, le sucre et le moka et battre fermement au bain-marie. Retirer du bain-marie et continuer à battre jusqu'à ce que le mélange ait refroidi.

2. Placer les gaufres sur une plaque à pâtisserie tapissée de papier sulfurisé et appliquer le mélange par petites portions sur les gaufres à l'aide d'un sac de remplissage de peau. Laissez un petit bord de la gaufre autour de la masse - les petits pains se détacheront encore pendant la cuisson. Si vous n'avez pas de gaufres à la maison, vous pouvez appliquer le Busserl directement sur le papier sulfurisé.
3. Cuire les grains de café à env. 150°C pendant env. 30 minutes.

93. Biscuits Moka

Ingrédients

Pâte à moka :

- 125g de beurre
- 90 g de sucre
- 1 Non.
- 110 g de farine
- 60 g de noisettes (moulues)
- 2 cuillères à soupe de poudre de café instantané

Glaçage:

- 125 g de sucre en poudre

- 2 cuillères à café de poudre de café instantané
- 3-4 cuillères à soupe d'eau

préparation

1. Pour les biscuits au moka, incorporer le beurre et le sucre jusqu'à consistance mousseuse, puis incorporer l'œuf.
2. Incorporer la farine et les noisettes. Faites dissoudre le café dans un peu d'eau et incorporez. Déposez des petits tas avec 2 cuillères à café sur la plaque et enfournez 8-10 minutes à 200°.
3. Laissez refroidir. Mélanger du sucre en poudre avec du café et de l'eau pour obtenir un glaçage. Déposez une cuillerée de glaçage sur chaque biscuit et décorez avec une fève moka.

94. Espresso-Brownies

Ingrédients

- 500 g de chocolat amer
- 75 ml d'espresso (fraîchement cuit)
- 300 g de beurre
- 500 g de sucre (brun)
- 6 œufs (température ambiante et moyenne)
- 250 g de Mehl
- 2 pincées de sel
- 4 cuillères à soupe de grains d'espresso (entiers)
- Beurre (pour la plaque à pâtisserie)
- Farine (pour la plaque à pâtisserie)

préparation

1. Pour les brownies expresso, hachez le chocolat. Porter à ébullition l'espresso, le beurre et le sucre et réserver. Incorporez 400 g de chocolat et laissez fondre. Ensuite, laissez-le refroidir pendant environ 10 minutes. Préchauffer le four à 180°C. Beurrer une plaque à pâtisserie et saupoudrer de farine.

2. Incorporer 1 œuf après l'autre à la préparation au chocolat pendant env. 1 minute. Incorporer la farine, le sel et le reste du chocolat. Étaler la pâte sur la plaque à pâtisserie et saupoudrer de grains d'espresso. Cuire au four à 160°C pendant environ

3. 25 minutes.

4. Laisser refroidir et couper les brownies expresso en gros morceaux.

95. Liqueur de café à la vanille

Ingrédients

- 75g de grains de café
- 175 g de bonbons rock
- 2 gousses de vanille
- 700 ml de rhum brun (40% vol.)

préparation

1. Pour la liqueur de café, mettez les grains de café dans un sac congélation et écrasez-les avec un marteau, mais ne les broyez pas.
2. Verser le sucre glace et le tranché gousses de vanille dans une bouteille propre et

bouillie. Verser sur le rhum et bien refermer la bouteille.

3. Placer la liqueur au congélateur pendant 1 semaine et agiter vigoureusement tous les jours. Passer au tamis fin et remettre dans une bouteille. Conservez la liqueur de café dans un endroit frais puis conservez-la pendant 2-3 mois.

96. Nappage crème de marrons sur café épicé

Ingrédients

- 200 g de purée de marrons (ou riz aux marrons)
- 200 ml de crème fouettée
- 100 ml de lait
- 24g de sucre glace

préparation

1. Pour la garniture à la crème de marrons, bien mélanger tous les ingrédients jusqu'à ce que

le sucre glace soit dissous et qu'un mélange crémeux se forme.

2. Verser le mélange dans un siphon iSi de 0,5 L, visser une capsule à crème iSi et agiter vigoureusement. Réfrigérer au réfrigérateur pendant 1-2 heures.

3. Ajoutez 1 cuillère à café de sucre vanillé, $\frac{1}{2}$ cuillère à café de zeste d'orange et une pincée de cannelle, de gingembre et de cardamome chacun dans une tasse. Versez du café fraîchement moulu sur le dessus. Servir chaud avec la garniture et déguster immédiatement

97. Gâteaux au café

Ingrédients

- 160g de mascarpone
- 1 cuillère à soupe d'expresso
- 1 cuillère à café de liqueur de café
- 150 g de boudoirs (finement émiettés)
- 110 g de couverture (blanc)
- quelques gouttes d'huile
- 50 g de couverture (noir)

préparation

1. Pour les cake pops au café, mélangez d'abord le mascarpone avec le café et la liqueur de café. Incorporez ensuite les miettes de

biscuits pour former une masse solide qui peut être facilement façonnée en boules et ne colle pas aux mains. Étalez des boules de la même taille et réfrigérez pendant environ une demi-heure.

2. Pendant ce temps, faire fondre la couverture blanche avec quelques gouttes d'huile au bain-marie. Tremper les tiges à une extrémité et les insérer dans les boules. Mettre au frais jusqu'à ce que le chocolat soit bien sec.

3. Nappez ensuite les cake pops avec la couverture légère en les retournant constamment. Refroidir à nouveau pendant environ une demi-heure pour que le glaçage sèche bien.

4. Pendant ce temps, faire fondre la couverture noire avec un peu d'huile. Égoutter le dessus des cake pops et laisser sécher à nouveau les cake pops dans un endroit frais avant de les manger.

98. Café glacé à l'anis et à la réglisse

Ingrédients

- 6 capsules Nespresso
- 1 cuillère à café de graines d'anis (petites; moulues)
- 1 bâton(s) de réglisse
- 1 cuillère à soupe de miel
- 7 feuilles de menthe (fraîche)
- Matériau du glaçon :
- 2 glaçage à l'eau (110 ml)
- 1 verrerie

préparation

1. Préparez 6 expressos avec le café Nespresso de votre choix.

2. Mettez les expressos avec les graines d'anis moulues, le morceau de racine de réglisse en deux morceaux et le miel dans un pot en verre froid. Laissez infuser 10 minutes.

3. Il est préférable de placer le pichet dans un seau avec des glaçons pour refroidir le mélange.

4. Versez dans des coupes glacées et décorez de feuilles de menthe fraîche, d'une demi racine de réglisse et de quelques glaçons.

99. Roulade de café

Ingrédients

- biscuit

Pour le remplissage:

- 125 ml de café
- 125 ml d'eau
- 100 g de sucre semoule
- 50g de farine
- 1 sachet de sucre vanillé
- 1 trait de liqueur de café (au goût)
- 1 jaune d'oeuf
- 250 g de beurre (température ambiante)

préparation

1. Pour la roulade au café, préparez d'abord la génoise selon la recette de base. Après la cuisson, enroulez avec un torchon propre et sec et laissez refroidir.

2. Pendant ce temps, mélanger tous les ingrédients de la crème et porter à ébullition dans une casserole en remuant constamment et laisser épaissir jusqu'à ce que la crème ait la consistance d'un pudding. Retirez-le du poêle et laissez-le refroidir. Incorporer ensuite le beurre.

3. Etalez à nouveau délicatement la génoise, étalez la crème dessus et roulez à nouveau la roulade.

4. Servir la roulade de café.

100. Pouding au café

Ingrédients

- 1/2 l de lait (1%)
- 1 sachet de poudre de pudding à la vanille
- Perdre 1 cuillère à soupe de café
- 2 cuillères à soupe de rhum
- Édulcorant (au besoin)

préparation

1. Pour le pouding au café, mélangez la poudre de pouding avec un peu de lait.
2. Porter le reste du lait à ébullition, incorporer le café, le rhum et l'édulcorant. Porter le pudding mélangé à ébullition et verser dans des bols à dessert.

CONCLUSION

Ce sont des recettes charmantes et diverses qui aideront les amateurs de café avec leur saveur incroyable et frappante qui devient de plus en plus répandue dans la vie de tous les jours. Choisissez votre préféré et mangez bien!